Les Perles du Cœur ...

LA SOURCE DE L'AMOUR

Lydia Montigny

LA SOURCE DE L'AMOUR

Ou les Perles du Coeur

Mentions légales

© 2020 Lydia MONTIGNY

Éditeur : BoD-Books on Demand
12-14 rond-point des Champs-Élysées, 75008 Paris
Impression : Books on Demand, Norderstedt, Allemagne

ISBN : 978-2-3222-4104-0
Dépôt légal : août 2020

Livres précédents (BoD)

* Dans le Vent (VII 2017)
* Ecrits en Amont (VIII 2017)
* Jeux de Mots (VIII 2017)
* Etoile de la Passion (VIII 2017)
* As de Cœur (XI 2017)
* Pensées Eparses et Parsemées (XI 2017)
* Le Sablier d'Or (XI 2017)
* Rêveries ou Vérités (I 2018)
* Couleurs de l'Infini (II 2018)
* Exquis Salmigondis (V 2018)
* Lettres Simples de l'être simple (VI 2018)
* A l'encre d'Or sur la Nuit (X 2018)
* A la Mer, à la Vie (XI 2018)
* Le Cœur en filigrane (XII 2018)
* Le Silence des Mots (III 2019)
* La Musique Mot à Mot (IV 2019)
* Les 5 éléments (V 2019)
* Univers et Poésies (VIII 2019)
* Les Petits Mots (X 2019)
* Au Jardin des Couleurs (XI 2019)
* 2020 (XII 2019)
* Nous... Les Autres (X 2020)
* Ombre de soie (III 2020)
* Les Jeux de l'Art (IV 2020)
* Harmonie (VI 2020)

COULEUR MELANCOLIE

Comme si le vent cessait
Après un ouragan,
Que le gris recouvrait
Le ciel et l'océan

Comme une envie de tout
Ce rien, après tout, c'est beaucoup,
Je cache déjà demain
Dans le silence de mes mains

Comme une molle certitude
L'éclat disperse, ironique,
Cette grande mosaïque
Aux quatre vents de la solitude

.../...

…/…

Comme l'immobile statue
Dans un jardin suspendu,
Les couleurs de la mélancolie
S'éveillent dans ma rhapsodie…

... Même si tu avais été une illusion

Je m'en serais voulu

De n'y avoir jamais cru...

PAR CŒUR

J'ai appris par cœur
Le nom latin des fleurs
Et les chiffres des heures,
Mais ton esprit charmeur
Trouble ma candeur...

J'ai appris par cœur
La beauté des couleurs,
Le parfum du bonheur
Qui me frôle en douceur,
Chaud et protecteur...

.../...

…/…

J'ai appris par cœur
La magie de splendeurs
Dans un regard adorateur,
Et cet amour en apesanteur
Qui m'a pris le cœur…

Chaque jour a son charme

Chaque charme a son âme...

C'est charmant,

Enchantant....

LES MAINS DANS LES POCHES

Je marche doucement
Sur un chemin tout blanc
En écoutant le vent
Dans le soleil couchant

Les timides grillons
Stridulent des chansons
Et de fous papillons
Volettent en joyeux ronds

Les arbres se dessinent
D'une ligne orpheline,
Sobre, à l'encre de chine,
Sur l'horizon qui se devine

.../...

…/…

Je marche en sentant
Les jasmins enivrants,
Les lavandins divins,
Je ris et me souviens

Dans mes poches, j'ai enfoui
Des trésors, des mots, des nuits,
Mais elles se sont percées
En laissant s'échapper
De petits cailloux par milliers…

Alors je marche doucement
Sur ce chemin troublant…

Le temps

Est une œuvre infinie

Définissant la vie...

EST-CE LE TEMPS…

Est-ce le temps
Qui s'est effacé
Et négligemment
M'a oubliée

Ou bien cet endroit
Si loin et si près
Où j'ai cru parfois
T'avoir croisé ?

Où étais-tu pendant
Ces siècles immobiles
Sculptant des sentiments
Que l'absence éparpille ?

…/…

.../...

Tu étais là ou ailleurs,
Intacte souvenir,
Comme l'étoile du bonheur
Me volant un sourire...

L'ENFANT

J'aime la couleur de la nuit
Et de tes rêves aussi

J'aime la couleur du jour
Qui s'invente toujours

J'aime la couleur de l'instant
Où te sourit l'enfant
Que tu étais avant….
Avant que tu ne sois parent…

LA QUESTION

J'aimerais être la question
Pétillante de passion,
Adorable et sans raison,
Subtile libération,

Celle encerclée d'encre rouge
Qui s'approuve et se prouve
Avec des points d'interrogation
Pour oser la fiction,

Celle étonnant un passant
Qui s'excuse en murmurant,
Celle traversant l'univers
En troublant la lumière

\.../...

…/…

Pose-moi cette question
Avec tes doigts, avec tes bras,
Dans le silence de ta voix,
Dans la réponse de l'émotion…

« … Qu'importe la couleur du Vent… »

Dit mon rêve

En s'envolant….

LA PAIX

Elle est cet idéal
Ce galop de cheval
Dans la brume matinale,
Cette image vocale...

Sans plus, ni moins,
Ici ou bien plus loin
Elle est symbiose sans fin
Tel le rêve d'un parfum

Elle est le souffle doux
Glissant dans ton cou,
Cette main qui étreint
Si tendrement ma main

.../...

…/…

Elle est cette passion,
Sans question, sans façon,
Cette certitude absolue
De la vérité nue

Elle est la couleur
Qui sublime le bonheur,
Et les mots de l'Amour
Pour ce jour, pour Toujours…

J'aime conjuguer le verbe

AIMER

A ce temps du futur

Où tu le lis déjà...

DIS-MOI...

Dis-moi comment
On reste immobile dans le vent
A ignorer la main qui se tend
Sans savoir pourquoi... vraiment...

Dis-moi pourquoi
On lit à haute voix
On compte sur ses doigts, tout bas,
En attendant un jour... mais quand ?

Dis-moi quand
On se serrera dans les bras, vagues de l'océan
Et qu'on ignorera le temps des comment
Des pourquoi... Dis-moi, tout simplement...

FEMME

Il y a ce calme
Cette grandeur d'âme,
Cette certitude qui plane,
Puisant dans son charme
Pour aimer cette larme
Devenant son arme...

Il y a cette flamme
Flottant comme un slam
Ecrit au calame
A l'encre parme,
Doucement elle flâne
Dans l'aria qu'elle trame...

.../...

…/…

Il y a cette femme
Aux yeux pleins d'étoiles
Au cœur de tam-tam
Aux mots de cristal
Ton cœur dans son âme
Ta tendresse l'enflamme…

L'oubli

est cette cicatrice invisible

qui ne se voit qu'avec

le cœur...

JE TE DONNE

J'irise les couleurs
Des paroles, des saveurs,
Des mille battements de ton cœur
D'immenses champs de fleurs

Je prends les formes sages
De l'eau où tu nages,
Des gracieux paysages
Où flottent les nuages

Je te donne sans bruit
Ma douceur, mon énergie,
Le souffle de ma vie,
Mes pensées que tu lis

PRENDRE LE TEMPS...

Prendre le temps
D'apprécier chaque jour
Comme un trésor,
Et partager les instants
Comme des mots forts
Que nous chante l'amour...
J'aime croire en la vie
Dans le regard de ta magie ...

ENTRE TOI ET MOI

Entre la Terre et le ciel
Mon instinct sommeille
Rêvant du soleil
Et de ses rayons de miel

Entre l'ombre et la lumière
Glisse ma prière
Comme une douce poussière
Scintillant dans l'air

Entre tendresse et sourire
Je partage le désir
Et la sagesse pour te dire
Que de cet amour, je ne veux guérir….

J'aimerais être ce bruit

Doux et lent,

Celui du battement

De ton Cœur…

SOUPIR

Un grand chêne soupire
Quand il voit s'inscrire
Des lettres à unir
Pour un bel avenir

Une mélodie expire
En laissant s'évanouir
Des notes pour endormir
La douceur d'un souvenir

Un soupir de désir
Se pose sur ton sourire
En voulant retenir
Cet instant sans rien dire

.../...

…/…

L'horizon respire
Onde lente en saphir
Ondulant pour offrir
Le baiser d'un soupir…

MURMURES

Je suis dans un coin de ce jardin
A écouter les oiseaux
Le chuchotement de l'eau
Les abeilles et la brise
Que les roses aromatisent...
Le temps n'y fait plus rien,
Coulant, ruisselant
Doucement sur la vie
En murmurant des sons
Ressemblant à ton nom...

INSOMNIE

Impossible de dormir....
La nuit semble gémir
Dans cet air lourd et chaud
Qui me colle à la peau.

Je cherche du bout des doigts
La force de ton bras
Le creux de ton épaule...
Tu frissonnes, je te frôle
Comme une brise lente,
Un souvenir qui hante
Les siècles immobiles...

Pas un battement de cil
Ni de lueur, aucune,
Dans ce rideau de lune...
Tu respires doucement

       .../...

.../...

Dans ce doux sentiment
Dans le flou du tourment
Dans le fou prolongement
De tes yeux dans mes yeux
Egarés dans les cieux...

Impossible de dormir...
La nuit crée le désir
Comme un pur diamant
Aimant de notre aimant...
Elle succombe et soupire
Même si le temps expire,
Berçant de ses sourires
L'insomnie qui respire...

Si le relief et la couleur

Font de la vie une sculpture

Alors les mots de mon cœur

T'écrivent d'une encre pure...

SOUVIENS-TOI...

Il est né un soir d'été
Fragile et intimidé,
N'osant pas s'approcher
De l'histoire qui l'appelait.

Et puis il s'est lancé,
En sauts, en pas chassés,
Dansant un plus que parfait
Que le futur applaudissait !

A l'encre du passé
Les récits ont coulé,
Et se sont éventés
Pour taire leurs secrets...

.../...

…/…

C'était un soir d'été
Ton souvenir est né
Alors la vie attendra
Elle te racontera… Souviens-toi…

LE BISOU

Je m'étais assoupie
Dans l'air attiédi
Allongée sur le dos
Pieds nus et sans chapeau...

Un baiser accroché
En haut d'un amandier,
S'est laissé glisser,
Doux et parfumé,
Pour tomber sur mon pied...
Je n'ai pas bougé...

Surpris par une abeille
Il s'est caché entre mes orteils
Me chatouillant un peu
Mais mon rêve était bleu...

.../...

…/…

Puis il escalada
Mon genou et grimpa
Tout le long de mon bras
Posant deci delà
Ses empreintes… comme ça !...
Mais je ne bougeais pas…

De l'épaule il sauta
Comme on saute de joie
Dans le creux de mon cou
Et se fit plus doux…

Il roula sur mon ventre
En murmurant de tendres,
De jolis petits mots
Et je posais mon chapeau
Pour capturer ce fou
Ce rigolo bisou

…/…

…/…

Alors les yeux fermés
Doucement j'ai glissé
Sous mon panama si sage
Le sourire de mon visage

J'aurais pu m'endormir
Dans le rêve de ton sourire
Mais j'ai adoré écouter
Les mots qu'il susurrait,
Et sans répondre, garder
Sur ma bouche… ton baiser…

Le palais de l'échec

n'a aucune fenêtre...

... mais il a une porte....

CLAIR OBSCUR

Dans l'obscurité
Tu aimes croire à la lumière
Qui viendra éclater
Tel un fulgurant éclair

Dans la nuit de velours
Tu recherches le jour
Laissant tes rêves lourds
S'enchainer à Toujours

Dans le creux de ton ombre
L'amour vient se confondre
Avec un temps sans nombre…
Ton écho vient lui répondre…

Je suis le bruit du vent
Dans les pages de ta vie
Lisant les mots d'avant
Et les suivants en rêvant
Ceux s'écrivant doucement
A la lueur d'une bougie
Tu es l'instant de magie
Qui lit et dit "oui"....

... Pour Eliane...

Dans l'instant qui était
Si proche de demain,
La vie s'est esquivée
Mais ton cœur se souvient...

Dans l'instant qui sera
Ce rêve inachevé,
Tu entendras sa voix
Pour toujours te guider...

Dans l'instant du Présent
Où ton "tout" est si absent,
Tu regardes le temps
Avec Amour, tendrement...

AMOUR

Suspendue au silence
De ma vie qui balance
Entre le vide de l'oubli
Et l'écho de l'insomnie

J'écoute le temps
Coulant lentement
Et les mots raisonnant
Dans mon âme imaginant
Le lever du soleil….
L'amour n'a jamais sommeil….

CODE LOVE

J'ai mis en italique
Des voyages poétiques,
Des torrents de lumière
Sur la douceur des pierres

J'ai copié et collé
Des mots déracinés
Sur de beaux parchemins
Et les écrans de demain

Mais pourquoi supprimer
L'ancestrale vérité,
Si le cœur des hommes
S'arobase des normes ?

.../...

…/…

J'ai donné les données
Aux sens innés,
Et aux innocents nés
La Paix pour cent années

J'aimerai sauvegarder
Dans cet espace l'humanité
Et, pourquoi ne pas, créer
Un langage « Love »…. « Enregistré » !…

Le Silence est de mot de trop

Dans la profondeur d'un regard,

Un regard cherchant la réponse

A la question qui se tait...

AUSSI

Je changerais
La couleur du temps,
La direction du vent,
Le chant des torrents
Pour que tu me dises "attends"...

Je transformerais
Les fous en penseurs
Les pleurs en fleurs
Les larmes en douceur
Pour que tu me serres sur ton cœur

Je t'offrirais
Ces idées que balbutie
Mon amour qui se confie
A la lumière de ta vie
Pour que tu me le dises... Aussi...

SANS TOI...

Le jour, la nuit
La nuit, le jour

C'est éternel retour
De la vie qu'on poursuit
C'est l'éternel parcours
D'un astre indéfini

Le jour, la nuit
La nuit, le jour....

SILENCE CHAUD

Plus un chuchotis...
Juste le silence avachi
Sur le temps trop pesant...
Il a chu, franchissant
Le mur invisible du vent
Et des roches effilochant
Les mirages troublants...
La montagne attend,
Immobilisant le bruit
Qui se penche et fléchit
Dans l'air chaud
Où s'étire un oiseau...

RETIENS...

Retiens l'invisible main
Posée dans ta main,
Les pas de ce chemin
S'étirant dans le matin

Retiens l'invisible océan,
Ce capricieux géant,
Aux vagues vagues à l'âme
Chavirant sous ton charme

Retiens l'invisible horizon
Pour que ma sauvage passion
Ne glisse dans l'histoire
D'une étoile dans le soir

.../...

.../...

Retiens l'invisible soleil
Pour que son cœur de miel
Coule sur nos corps
Et ce temps qui s'endort...

OU VA MON REVE INACHEVE ?...

Du bleu de ton regard
Au miroir de mon espoir,

De cette lueur qui scintille
A mon cœur qui vacille,

De l'errance de cette image
A silhouette d'un nuage,

De vouloir croire toujours
A la sagesse de l'amour,

Mon rêve survit... inachevé...

HISTOIRE D'UN LIVRE

Voilà ! J'ai fini mon livre…
Ses mots m'enivrent
Et l'oreiller doucement
S'enfonce mollement
Sous ma tête et dans le soir
Me contant une histoire…

Je l'ai rangé sur une étagère
Tout près d'un dictionnaire.
Mais le livre a préféré
Plus bas se glisser
Pour bavarder avec un chat
Perché et bien botté.
Et puis il se faufila
Pris de curiosité
Vers un roman policier…

…/…

…/…

Il parla italien
Comme un vrai sicilien
En surveillant la porte
Que tout geste insupporte ;
Le suspense se rompit
Lorsqu'au loin lui sourit,
En couverture incrustée,
Un mémoire illustré.

Que de longs bavardages
Aux milieux de voyages
De ces beaux paysages
Dans ces contrées sauvages…
Que de noms, de visages,
D'encre sur les pages
En mille et un langages,
Mon livre devenait un personnage…

…/…

…/…

Le matin s'est levé
Impatient de retrouver
Tous les livres bien rangés...
Mais tout s'est inversé !
Mon douillet oreiller
Est venu s'installer
Sous mon lecteur préféré...
Ce soir, je lui lirai...

La délicatesse

Est une caresse

Effleurant le corps

Et fondant dans le cœur...

DIS-MOI

Dis-moi
Droit dans les yeux
Que l'été est bleu,
Le soleil ne dort pas
Lorsque la nuit est là,
Et les portes ne ferment pas
Lorsque les nuages sont bas,

L'océan se rappelle
De la lune en dentelle,
Du parfum des embruns,
Des pins, des lavandins…
Les couleurs divaguent
Dans tes larmes, dans ses vagues…

…/…

…/…

Dis-moi encore
Droit dans les yeux
Que le temps est un jeu
Sans perdant, sans gagnant,
Où la sagesse est son sang,
C'est une œuvre infinie
Que l'espoir nourrit…

Dis-moi
Droit dans les yeux,
D'un regard merveilleux,
Que l'hiver est doux
Comme le cri d'un loup,
Que l'amour est fou
Entre nous, avoue,
Dis-moi que je n'existe pas,
Ailleurs qu'en toi…

« Ailleurs »

n'existe pas

si

tu n'y penses pas...

DOUCE NATURE

Au creux de la vallée
Où coule la verdure,
S'éveille l'aventure
Dans l'aube de l'été

A la cime des pins
Le bleu du ciel sans fin
Dépose la lumière
Doucement jusqu'à terre

J'entends le bruit de l'eau
Entre mousse et fougère
Et le drôle de crapaud
Jouant dans la rivière

.../...

…/…

Plus loin dans la clairière
Le chant liquide de l'oiseau
S'écoule jusqu'aux roseaux
En un turquoise vert

Au creux de la nature
La Paix d'un monde futur
Respire doucement
Comme respire un enfant

La vie y est si douce
Si pure à sa source,
Je boirai dans tes mains
Ce bonheur cristallin…

PAROLE

Parfois la parole hésite

Parfois elle insiste

Mais si elle restait sur tes lèvres

J'y poserais les miennes

Pour y boire la tienne...

NAISSANCE

Tu berces les paroles
D'une chanson d'été
T'enroulant dans son étole
Le cœur chaviré
Et ton corps se souvient
De la danse, de ses reins,
Du parfum de sa peau,
De ses jambes, de son dos...

Tu berces les paroles
Sur des notes un peu folles
Et puis elles s'envolent
De si, en la, en sol,
Se posent sur ta voix,
Rivière de ta joie...
Sa partition sera
Mille étoiles en éclat

…/…

…/…

Tu berces et tu balances
Sans nulle somnolence,
Des mots de l'existence
Sensibles dans l'air des sens…
A travers le silence
Et l'univers des sciences
Un poème naîtra…
Berce-le, berce-le de ta voix…

Dans le SILENCE du Néant

Il y a un SI

Qui se LANCE

Dans le conditionnel de l'Oubli…

LIBERTE

Liberté,
Ne sois plus un rêve...
Tu me fais trop chanter,
Me laisses trop t'aimer
Et me fais renoncer...
Je veux que tu m'enlèves
Pour ne plus oublier
L'ode de nos pensées ...

Liberté,
Tu envahis mon cœur,
Condamne la moindre peur
A la porte du bonheur.
La folie est ta sœur
Et le soleil pleure...
Le temps n'a plus d'heure...

.../...

…/…

Liberté,
La vie est ton paradis
L'oasis de mes rêveries,
Et si un jour mon chemin te choisi
Crucifie tous les interdits…

Le BONHEUR

est l'équilibre

entre

le bleu du ciel

et

celui de l'océan,

…tel cet horizon dans sa plénitude absolue…

LE TABLEAU

J'ai dessiné le soleil
Car tu ne le vois pas
Et tant d'autres merveilles
Que tu n'imagines pas…

J'ai posé des lumières
Sur les tableaux de maîtres,
Celui que je préfère
Est là, dans ma fenêtre…

J'ai murmuré ton nom
Dans l'espace infini,
Le vol d'un papillon
M'a emporté sans bruit…

…/…

…/…

J'ai peint avec douceur
Les secrets de l'amour,
Je sais qu'avec ton cœur
Tu comprendras toujours…

Ma petite poésie
S'est envolée
D'un coup de vent ravi
En plein été...

Ma petite poésie
S'est posée
Sur ton âme ébahie
Et tu l'as apprivoisée...

PLUS RIEN A LIRE...

Le soir est tombé
Vertigineux et froid,
Recouvrant de ses pas
Le chemin abandonné
Par la lueur légère
D'une dernière prière...

J'ai cherché tout au fond
Des tiroirs sans nom,
Quelque feuille de papier
Quelque livre oublié...
Les livres ont disparu,
Le temps est suspendu...

.../...

.../...

Je n'ai plus rien à lire,
Quel étrange délire !
Peut-être devrais-je en rire ?
Je me sens défaillir,
De fièvre, tressaillir,
Le livre vient de mourir...

La vie se déchire
En tant de mots à lire
Que je ne peux écrire...
Sans mer, je suis ce navire
Voguant sur ce souvenir
Et s'échouant sur le vide de lire...

Parfois

L'important n'est pas la réponse

Mais la raison

De la question...

LA GRANDE HORLOGE

La grande horloge se tait
Muette dans l'éternité,
Désignant de ses bras
L'instant de son trépas.

Elle a sonné tant d'heures
De rires et de bonheurs,
D'années grandes et nouvelles,
De cendrillons trop belles …

Elle a dit ses adieux
A ces pas malheureux
Qui suivent dans les pleurs
Le départ de l'un des leurs.

                               …/…

…/…

Elle a sonné aussi
Le début de la vie,
L'amour qui se passionne,
S'étreint, mais ne se raisonne…

La grande horloge s'est tue
Dans un secret absolu…
Dans son balancement
Mon rocking chair attend…